LES PRÉVISIONS MÉTÉO

LA PLUIE

Un livre de la collection
Les racines de Crabtree

DOUGLAS BENDER

Crabtree Publishing
crabtreebooks.com

Soutien de l'école à la maison pour les parents, les gardiens et les enseignants

Ce livre aide les enfants à se développer grâce à la pratique de la lecture. Voici quelques exemples de questions pour aider le lecteur ou la lectrice à développer ses capacités de compréhension. Les suggestions de réponses sont indiquées en rouge.

Avant la lecture

- De quoi ce livre parle-t-il?
    - *Je pense que ce livre parle de la pluie.*
    - *Je pense que ce livre explique à quoi ressemble la pluie.*

- Qu'est-ce que je veux apprendre sur ce sujet?
    - *Je veux apprendre d'où vient la pluie.*
    - *Je veux apprendre de quoi est faite la pluie.*

Pendant la lecture

- Je me demande pourquoi...
    - *Je me demande pourquoi il pleut.*
    - *Je me demande pourquoi il pleut à certains endroits, mais pas à d'autres.*

- Qu'est-ce que j'ai appris jusqu'à présent?
    - *J'ai appris que la pluie est faite d'eau.*
    - *J'ai appris qu'une grande quantité d'eau est appelée une averse.*

Après la lecture

- Nomme quelques détails que tu as retenus.
    - *J'ai appris qu'il existe différents mots pour décrire la quantité de pluie qui tombe.*
    - *J'ai appris qu'il faut porter certains vêtements pour ne pas être mouillé sous la pluie.*

- Lis le livre à nouveau et cherche les mots de vocabulaire.
    - *Je vois le mot* ***nuages*** *à la page 5 et le mot* ***parapluie*** *à la page 12. Les autres mots de vocabulaire se trouvent à la page 14.*

Plic, plic, ploc!
Voici de la pluie.

La pluie est faite d'eau.

La pluie se forme
dans les gros **nuages**.

Une pluie légère est appelée une **bruine**.

Une forte pluie est appelée une **averse**.

Je porte des **bottes** de pluie quand il pleut.

J'utilise un **parapluie** quand il pleut.

Liste de mots

Mots courants

dans	il	un
de	je	une
eau	légère	utilise
est	pluie	voici
faite	quand	

La boîte à mots

averse

bottes

bruine

nuages

parapluie

49 mots

Plic, plic, ploc! Voici de la pluie.

La pluie est faite d'eau.

La pluie se forme dans les gros **nuages**.

Une pluie légère est appelée une **bruine**.

Une forte pluie est appelée une **averse**.

Je porte des **bottes** de pluie quand il pleut.

J'utilise un **parapluie** quand il pleut.

LA PLUIE

Crabtree Publishing

crabtreebooks.com 800-387-7650

Au Canada : Nous reconnaissons l'appui financier du gouvernement du Canada par l'entremise du Fonds du livre du Canada pour nos activités de publication.

Catalogage avant publication de Bibliothèque et Archives Canada

Titre: La pluie / Douglas Bender ; texte français d'Annie Evearts.
Autres titres: Rain. Français.
Noms: Bender, Douglas, auteur.
Description: Mention de collection: Les prévisions météo | Les racines de Crabtree | Traduction de : Rain. | Comprend un index.
Identifiants: Canadiana (livre imprimé) 20210269685 | Canadiana (livre numérique) 20210269693 | ISBN 9781039606753 (couverture souple) | ISBN 9781039606814 (HTML) | ISBN 9781039606876 (EPUB) | ISBN 9781039606937 (livre numérique avec narration)
Vedettes-matière: RVM: Pluie—Ouvrages pour la jeunesse. | RVMGF: Documents pour la jeunesse.
Classification: LCC QC924.7 .B4614 2022 | CDD j551.57/7—dc23

Publié au Canada
Crabtree Publishing
616 Welland Ave.
St. Catharines, Ontario
L2M 5V6

Publié aux États-Uni
Crabtree Publishing
347 Fifth Avenue
Suite 1402-145
New York, NY, 1001

Auteur : Douglas Bender
Conception : Rhea Wallace
Développement de la série : James Earley
Correctrice : Janine Deschenes
Conseils pédagogiques : Marie Lemke M.Ed.
Traduction : Annie Evearts
Références photographiques :
Shutterstock : Alexander V. Evstafyey : couverture ; A3family : p. 1; A3pfamily : p. 3, 14; SilverWolf : p. 4; Sergei25 : p. 7; AndriyBlokhinr : p. 9, 14; LeManna : p. 10-11, 14; Torwaistudio : p. 13, 14

Paperback 978-1-0396-0675-3
Ebook (pdf) 978-1-0396-0681-4
Epub 978-1-0396-0687-6
Read-along 978-1-0396-0693-7
Audio book 978-1-0396-0699-9

Imprimé au Canada/032024/CP20240312